LA RELATIVIDAD DE PERDER

Escrito e ilustrado por Diana Glez

LA RELATIVIDAD DE PERDER

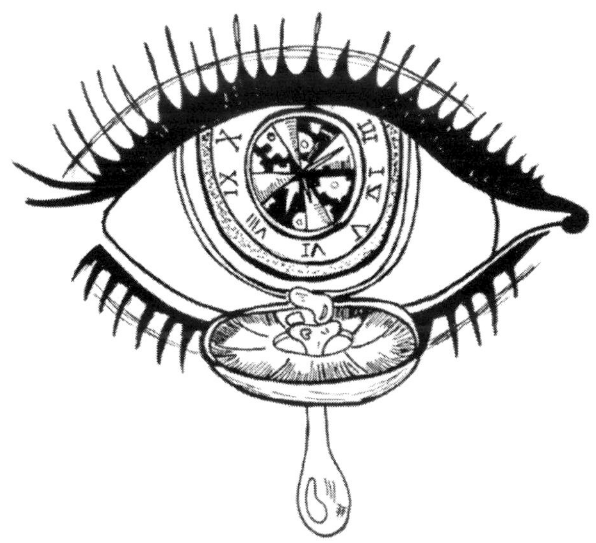

Diana Glez

SEXTA FÓRMULA

Editado por: Servi Products Mirci E. I. R. L.
para su sello editorial Sexta Fórmula
Avenida Luis Gonzáles 1020 – Chiclayo
Lambayeque - Perú
Celular: (+51) 952333628
www.sextaformula.art

Sexta Fórmula, en su deseo de mejorar sus publicaciones, agradecerá cualquier sugerencia editorial que los lectores hagan por correo electrónico: contacto@sextaformula.art

Ilustraciones: © Diana Glez

Dirección general: Heber Isúi Sánchez Nunura
Diseño de cubierta: Gerardo Mario Espinoza Trujillo

Primera edición: noviembre del 2022

Primera impresión: noviembre 2022
Primera reimpresión: marzo 2023

Tiraje: 100 ejemplares

Hecho el Depósito Legal en la Biblioteca Nacional del Perú
N° 2022-09964
ISBN: 978-612-48727-5-4

ÍNDICE

Para el amor que en su momento no me tuve,
para el amor que encontré en el camino,
para el tiempo y la poesía.
Para mi nuevo yo,
para la libertad...

ENCONTRAR

EL SILENCIO

Más acicala un silencio,
que las oraciones que se esfuerzan por rimar;
ya he hablado más de lo que podrías entender
o yo explicar.
Paradoja abierta,
una verdad no absoluta;
subjetividad circunstancial.

Tú y yo: verbo pronominal.

E
N
C
O
N
T
R
A
R
S
E
.

¿Qué hubo antes de ti?
Llegaste un día, tan de repente y con tardía,
curvando mis espacios, descomponiendo el tiempo,
sustrayendo de mis manos el tacto para sentirte
en todos los puntos ciegos
por donde se inmiscuye el "amor";
saberte con los ojos cerrados,
adivinarnos en toda nuestra gravitación.

EL TIEMPO: EL OBSERVADOR TÚ Y YO

Me observa; sus ojos no se dirigen a mi rostro.
Me contempla a través de mis palabras,
intercambio de oraciones,
interjecciones;
nos envuelvo en un sustantivo: insomnio.

Mis ojeras curvas que te guardan
y te exclaman todo el día,
compuesto orgánico, ser cafeico.

Soy universo ante sus ojos.
Debajo de esas cejas prominentes,
hay unas pestañas que me invitan a soñar...
el dormir sosiego que mi cuerpo no elige.

Relatividad de perder, la distancia y el tiempo
dependen del observador: tú y yo.

«Cada minuto sin dormir es vida para mí».

Y al repetirme tus palabras, mi pecho se expande.
Hablas, la acústica de esta cabida en la que
se ha convertido mi alma,
cada costilla me la he desprendido;
espacio donde tu voz resuena.
Me designas poeta, mientras me regalas versos
«de lo que provocas son destellos»
y mi boca te toma en un suspiro impelente,
porque todo se mueve con tal fuerza...
Soy la materia menos densa.
Flotar   agarrarme de ti.

La poesía se develó a una realidad,
no quisimos quedarnos en una oración bien dicha
o en el mejor de los casos en el verso y una rima.
Comenzamos a intercambiar sentimientos en palabras
simulando nuestra primera caricia...

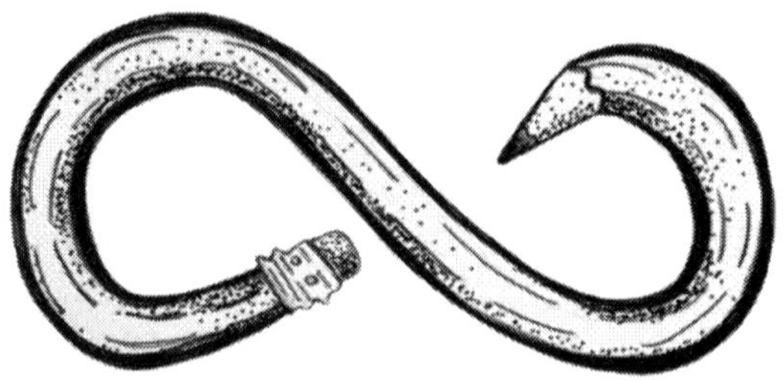

LA TRADUCCIÓN DE SENTIRNOS CERCA

Últimamente mi felicidad se (des)prosa
sin alguna dirección,
es este sentimiento intrínseco que brota como una flor.

Miedo visceral, tan carnal,
esta inquietud que siento en el pecho, en el vientre.

Son estos ojos agotados que no logran descansar,
porque te ven y te escriben en todas las paredes,
y te escuchan en todas las palabras
que se buscan en un diccionario

Significado alegórico:
los poemas se han develado a una realidad,
a imágenes que logran capturarnos.

Nos adjudico el pertenecernos,
a este destino que escribimos en conjunto,
siendo más grandes que aquello que guía al universo

Si algo nos ha de desterrar,
tú de mí o yo de ti,
que sea tu palabra o sea la mía,
no la decisión aleatoria que determina todo esto,
porque encontrarte me trazó todo el mapa
y mis pies no hallan vereda que no me dirija a ti.

Somos comprensión, porque has traducido
la melancolía que invade a mi cuerpo,
a este miedo que sentimos, por percibirnos tan cerca
sin habernos tocado.

Y al final, este nerviosismo
que nos delata ante la fragilidad,
es el mismo que me dibuja el tacto,
para sentirme más cerquita de ti.

PALABRAS COMO PINCELES

Me nombras poeta
y me atrevo entonces a acunarme
entre el eco cóncavo de tu voz,
que me desea y me versa cada sentimiento
que nace en nuestras noches.

Conjugo tu interior con palabras mías,
y nos interpreto entre espacios;
te descifro en aquello que aboga por nuestro encuentro,
y ahora veo que tú y yo no somos el único testigo.
Nos aúno, nos creo y deconstruyo,
y entre cada vocablo veo emanarnos en arte;
escultura en letras nuestra existencia.

Me proclamas intérprete de los poemas
y otras veces parte de la misma obra;
me has descubierto como la pleamar,
altura máxima de nuestras posibilidades,
esperanza que pinta nuestras palmas de color azul.

Múltiples palabras nos han de ataviar el tórax,
las partes curvas de nuestras costillas,
y otras veces el silencio se hará caer
como redentor ante esto que nos ha convertido
en oraciones desiderativas.

Pero todo lo que hoy nos hace desvestir el desespero,
que no adelanta el tiempo para vernos,
que pone a mi pensamiento sobre tus hombros,
son las mismas palabras que nos han de redimir
cuando el futuro finalmente
nos posicione en el mismo sitio.

EL MOMENTO

Abriste los ojos y tus pestañas me mostraron su viento;
se dejaron caer como un golpe afable sobre mis dedos.
Nos guardé en un suspiro,
y no pedí el deseo: nos cumplí.
Te besé los labios,
tu pupila expandiéndose y mostrándome
un universo donde solo tiene cabida mi iris;
nos veo hechas partículas, átomos, moléculas,
fragmentos de materia,
donde logro unirnos en este anhelo por tenernos.

Me recorres con palabras
y te declaro humana sobre mi vientre,
y me invitas a fundirnos como una sola,
mordernos los labios como la única forma
de hacernos daño.

Olerte, sentirte...

Las líneas de mis manos, que te tocan y te incumben
como un camino donde
solo he de encontrar mi libertad.

Tu pecho: mi pecho.
Mi cuerpo auscultándose por encima del tuyo;
nos escucho —palpitas tan fuerte—,
y nos convierto en un mismo latido.

Mis labios: tus labios.
Sin miedo a escocerse,
porque besarte es encontrarte;
mi saliva sabe a ti.

Ahora que me veo contigo, caigo en cuenta,
yo, que mido mi espacio
y me sofoco con la presencia de quien me quiere cerca,
que hago repeler la afección de los de afuera...
pero tu presencia es un imán, donde mis brazos de ti
no se pueden despegar.

Dime que esto es real,
que esta presencia del presente nos hizo aterrizar.

La magnitud depende de la relación
entre la longitud de onda y la abertura (tus ojos),
siendo tú un conducto, dejándome entrar...
Cuanto más se expanda tu pupila al verme,
más podré propagarme.

Somos frecuencia:
si más cerca nos encontramos, esta aumenta,
entre más nos alejemos será menor; relatividad del medio...

LONGITUD DE ONDA

Me difracto.
Aberturas son tus ojos.
Me propago.

EL FUTURO PERENNE

Te podría escribir más de mil poemas,
me lo dicen mis dedos que arden al pensarte,
estos sentimientos que cuelgan por debajo de mi lengua,
que yacen tan dentro de este pecho cóncavo,
donde bien tu cuerpo ha de postrarse,
y te traduzco a cualquier antónimo del miedo
porque calma eres,
agua que a mis pesares han de apagar.

Somos brisa, como suspiro que te devuelve la esperanza,
el mañana de este presente que arrullo con la seguridad
de quererte aquí conmigo,
y en días que aún no hemos vivido.

Sí, podría escribirte poemas
sin poner límite en la numeración,
porque infinidad somos,
en esta realidad que me ha abrazado
con esas ganas tan encendidas
como cuando tus ojos me miran.

Ven, quedémonos a adivinar el futuro.

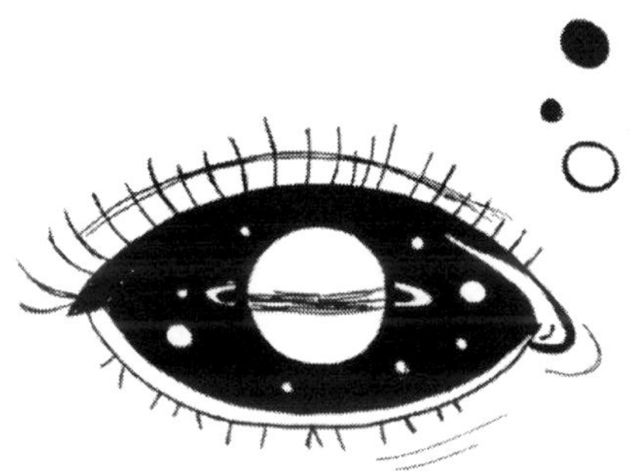

No dejes de mirarme,
incluso cuando no me tengas enfrente.

LLAMÁNDOTE

Justo cuando duermes,
yo te siento aquí conmigo;
cuando imagino el cierre de tus ojos
y comienzo a escuchar tu respirar calmado,
mis oídos lo traducen a un lenguaje
que mis sentidos se han inventado:
te miro y te acaricio,
aunque mis ojos carezcan de tu imagen
y mis manos no contengan a tu cuerpo.

Mi instinto toma a la distancia
y la achica conforme deseo más a tu abrazo,
y mi cuerpo te busca, mientras te huelo en el desvelo,
y te saboreo en estos labios que aún te guardan,
justo en la forma de tu beso.

Estoy pensándote mientras estás aquí,
                                        al otro lado,
y te darás cuenta de que
no hay manera en la que pudiese entrar el olvido;
                          de ti estoy repleta.

HACIÉNDONOS HUECO EN EL ESPACIO

Nuestro lenguaje tan fuera de lo banal;
puedo escucharnos en una canción
que carece de letra y voz,
pido que la llenes con nuestros ruidos,
con nuestras risas, con el sonido de nuestros besos,
con tu respiración, con mi respiración,
con este amor que sentimos tú y yo.

Es que puedo sentirte en todo aquello
que nos pertenece, en un cielo despejado,
en la lluvia de un viernes por la tarde,
en este mes de abril que me pinta tan bien
con el sabor de tus besos.

Es este sentimiento que me invade y que te invade,
nos leo con la sinceridad que me depositas en las manos
para después, yo, acariciarte con todas mis verdades.

Me miras como si fuera una maravilla
y mi boca solo encuentra su caída libre
en los espacios de tu cuello
y te pinto con mi lengua
una inmensidad parecida al infinito.

Nos veo en las noches,
escuchándonos hablar de...
¡cuánto creemos en nosotras!

Mi dicción que me delata,
y te adorno con palabras llanas:
desearte, anhelarte, extrañarte.

Y siento la euforia en tu voz cuando me haces saber
lo mucho que te gusta mi persona,
mi ser tan complicado y no huyes,
te acurrucas en nuestra certeza.

Te hablo de mi fragilidad y, si bien me ofreces alivio,
me das espacio para que pueda respirar.

Somos esa libertad con alas que emprende vuelo,
incluso en nuestros pensamientos más recónditos.

Mi mano te acoge y te elige entre toda esta gente
que jamás supo llegar(me).
Son tus ojos y nuestros desvelos,
que hoy me permiten conocernos más.

Cada línea en mis ojeras
es un verso en estas oraciones tan acompasadas
que solo tú y yo nos sabemos escuchar.

COLORES PRIMARIOS

Amor, antónimo de contrito, que hace a mis ojos
conocer a un verdadero oquedal;
mis pies no se enredan en la maleza,
se dilatan ante la adversidad de tu verde.

Hurgo entre mi miedo ya enjuto;
intersección de tu saliva
que hace menguar las dudas,
yo compuesta por una oquedad que nadie llena.

Tu actitud taimada hincha cada emoción;
llenas los espacios, desbaratas la crueldad de afuera,
me resguardo en tu azul sin lejías,
como si el silencio proclamara plegarias
ante nuestras palabras remansadas,
que arrastran y nos llevan sin ardid:
a la inmensidad inocua.

Cada oración, legajos que voy enumerando,
en números primos, para que eviten mirarse;
no quiero un desgaste
de todos los poemas que aún no te he escrito.

Mis brazos dejan entrar al viento:
como ventila donde afluye mi libertad
y estás allí, contemplándome, guardándome.

Me diluyo;
soy reflejo en tus ojos, luz,
amarillo puro.

Dime...
¿Cómo ocurrió?
Tus dudas comenzaron a estigmatizar mi querer,
como si el escucharnos pareciera un atolladero
donde el fango fueron tus palabras
y mis lágrimas el agua estancada.

Elegimos nadar, a pesar del escollo que se avecinaba,
un escollo agazapado entre nuestras promesas.

¿Nadar o hundirse?

PRECIPITACIÓN EN MIS LATIDOS

Mis sentimientos quedaron suspendidos
como gota que recorre miles de kilómetros
antes de tocar el suelo.

Estaba allí, parada bajo un pavimento semiárido,
donde se oliscaba un clima monzónico
y con las piernas cuarteadas de tanto correr.

Entonces te contemplé a lo lejos
resguardándote bajo una cornisa
que ocultaba el brillo de tus ojos
y entrecerrabas la mirada
con un esfuerzo por querer capturarme.

Hasta que hice precipitación en mi sequía,
lloré como aquel que se moja a sí mismo
contando su verdad,
atestando mis espacios craquelados,
contándote mis ganas.

Me acerqué más a ti, y leí los poemas
que me escribiste con tus ojos,
sintiendo tus miles de latidos
a punto de escindir tu pecho.

Limpiaste mis rodillas llenas de heridas,
no huiste y me mostraste todo el sol que existe
después de la llovizna.

Recitaste tu verdad,
tomaste al destino de sus escápulas
para colocármelo en el pecho.

Me comprometiste con tus ganas,
con la libertad de volar en un cielo amplio, contigo,
y jamás había conocido las nubes tan de cerca
sin verlas llover.

DE MIS HUESOS TU GUARIDA

Te pareces a la calma y también a la tormenta,
porque de esto se trata, mi amor:
de querernos hasta en la guerra.

Todas tus heridas y cada disparo que lanzas
cuando nada entiendes,
solo hacen daño a los de afuera,
que yo soy bandera blanca en toda esta torre
de conflictos que a veces no acabamos por entender;
quiero ser la puerta que te conduce
al otro lado del miedo,
cabida y hueco donde deposites tus lágrimas.

Veme, vida, que aquí me tienes,
　　　　　　que estos hombros están hechos
　　　　　　　　　　　　para que puedas colocar tu cara.

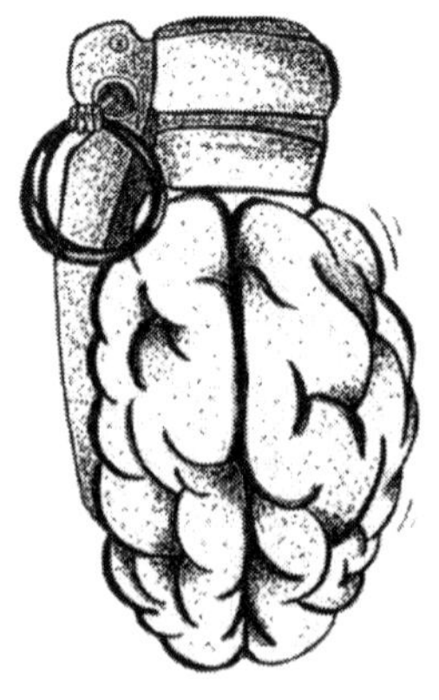

Has creado una guerra interna,
que detonan besos caídos,
convertidos en pólvora.
Vamos a terminar por arder.
«Tic-tac» suena en mi pecho,
fósforos son mis anhelos para contigo;
«tic-tac» suena en tus manos,
fuego son tus falsos consuelos;
«tic-tac» suena el reloj...

ACLIMATAR(NOS) EL DAÑO

Tengo entreabiertas las posibilidades
de un espacio indulgente,
toda una rima perenne,
resueno que toca tus ojos de forma sustancial.
Nos veo a ti y a mí coagular en una verdad;
herida que con nuestros suspiros
no hemos de contaminar.

Toda esta humedad
a nuestros labios resecos ha de mojar;
dime que mi saliva no te sabe a sal,
que la carnosidad de tu labio inferior,
aún entre mi cuello puede encajar.

Porosidad en sentimientos, pequeñas zonas
donde para nuestras risas hay posibilidad,
enredo en las sábanas, lugar en el que
tu cuerpo y el mío se colocan en una sola cabalidad.

Días nublados nos han adornado,
pecho que cruje como cajón atrofiado,
eco de palabras que no hemos dicho,
este paisaje ha perdido toda acepción,
voluntad de un futuro vemos tú y yo.

Suelo reseco, de mis ojos el riego;
necesidad hídrica después de un largo desvelo,
surcos en tu pecho, semillas en tu alma,
de tu boca un «te quiero»,
mantén tu calma en esta estación,
que de nuestro tórax sentirás nacer una flor.

No sé qué ha pasado,
me he quedado suspendida en una espera
que no me confiere equilibrio alguno.
Te vas, pero no terminas de irte,
y el reloj sigue su curso mientras las manecillas
generan un sonido inarticulado
y se infunde en mi voz temblorosa,
escamoteando cada vez más la seguridad
de volvernos a encontrar.

TU MIRADA NO ME DICE ÁDIOS

Mis dedos se cuelgan de una afasia
que me endurece las mejillas,
aquella noche la inundación que provocaron mis ojos
formaron una banquisa,
donde mis pies denotaron una caída:
                    desastre en tu cama.

Estas manos que no supieron acariciar tus miedos,
mis nódulos que se clavaron en toda tu sed cutánea.
                    Fue catarsis nuestra «despedida».

Tus palabras como humo, rojizas mis pupilas,
clavadas en el techo, simulando una plegaria,
                    de rodillas tus *tequieros*.

Muda fue mi risa, es que eso hago ante las despedidas,
burla comensal, que se sienta al lado de esta irrealidad,
que no me permite fenecer,
porque del último abrazo mis deseos aún siguen
                    adheridos.

Dime qué hago yo, si todavía me sonríes
como impetrando y me llamas amor,
mientras me clavas tus ojos en mis palmas,
haciendo de la luminiscencia
un lugar donde hospedarme.

Ilación son tus pestañas, todo tu viento
ante el suspiro me ha contado tu sentir,
tus ojos no han de llorar,
                    pero el trepidar de tu corazón
                    elucubra toda duda.

LA ESPERA

¿Cómo mirarnos a partir de ahora?
Si eres respuesta implícita
que me acorta los sentimientos
y me resisto a explotar de amor.

Si ahora tus ojos no me muestran ninguna emoción,
¿cómo en tu iris se apagó el fulgor?
Dejando sequía en mis mañanas
siendo vacío en la habitación.

Suspendiste el tiempo en tus dedos,
repitiendo en mí sólo desvelos,
caricias sobre mis huesos escuetos;
de tu dedo la fractura,
dolor andante,
mis pies inexorables.

Despedidas que no llegan,
sinceridad tardía
fue nuestra pena.

Probablemente nadie lo entienda,
probablemente mi yo de hace unas semanas
tampoco lo entendía.
Dejar de vernos, me escindió toda capa de mi cuerpo;
tus palabras como manos,
acariciando con violencia las llagas
que sobresalen de mi dermis, doblando sus bordes,
dolor que exhibo como mejor puedo: llorando.

LA DUDA

Me he encontrado queriéndome
en la soledad y en el hastío,
en tu compañía y en tu ausencia,
en la caída y la herida,
en lo arbitrario de los días,
en el sol y la noche,
en el calor y en el invierno,
en la certeza y la duda.

Me miro y me suspiro.

Soy mi sitio.

Apertura que hoy me hace vivir.

¿Qué pasará después entre tú y yo?
Realmente no me lo pregunto,
pero no somos beso en la comisura.
Eres quien me come la boca
con los ojos cerrados y
me acoge los versos,
mientras soy saliva
que prueba a tus miedos.

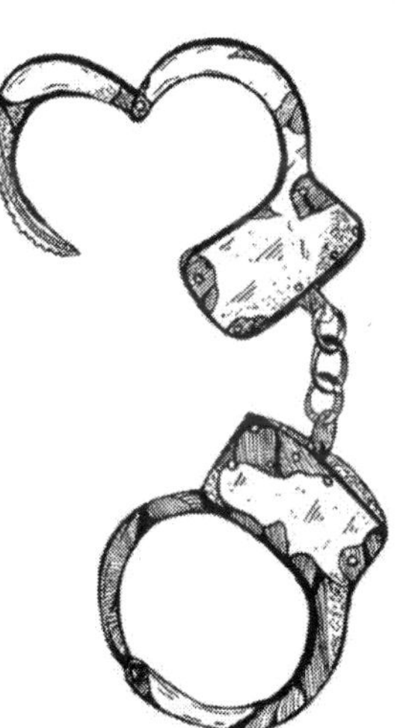

¿Nos encontramos otra vez?
¿O dilatarás al tiempo
convirtiéndonos en reservas
de momentos?

PERDER

Todo lo que te escribí pareciera que lo hubiese imaginado,
te añadí virtudes y acaricié todas tus máscaras,
ignoré tus miedos y puse flores en tu jardín reseco,
inundé de palabras a tus cortantes silencios.
Quise cuidar de ti, a pesar de tus empujones
que irrumpían mi libertad.
No me lo pediste, lo sé, pero decidí encerrarme contigo
en tu pequeño mundo,
y de pronto, me fui craquelando con mis propias lágrimas,
te salpiqué las manos y decidiste quedarte,
como quien vacila sostenerte para que no caigas,
pero tus brazos eran el propio precipicio,
y yo elegí caminar en tu desequilibrio
mientras movías la cuerda con tu indecisión.

¿Vas a dejarme caer?

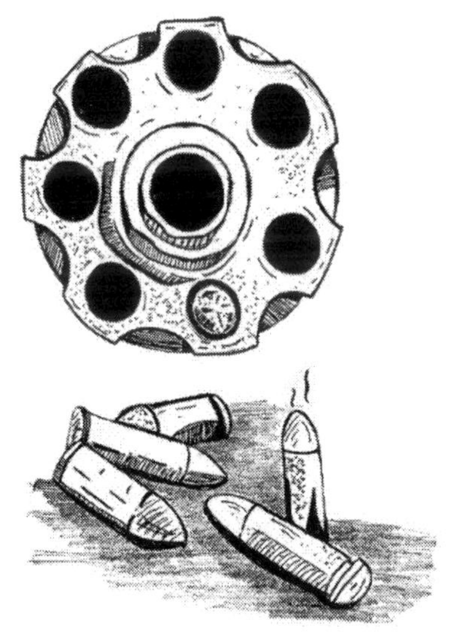

BARRERAS Y OTRAS FORMAS DE ALEJARNOS MÁS

Te envuelvo en estas palabras que nos han de abrasar
cuando el llanto nos inunde
por cada día extrañarnos más.

Pero este muro transparente que el dolor ha construido
nos permite vernos a los ojos,
pared empañada ante el suspiro, la saliva que resbala;
desde el fondo de mi estómago hasta mi boca
ha salido toda verdad,
la tranquilidad se ha posicionado
en cada una de mis extremidades.

Ya nada tengo que recon(ven)irte,
quererte tan real ha sido
la mejor de todas nuestras partes,
porque ahora, si te vas,
mis manos no querrán auparte.

Tan crudos tus deseos, futuro incierto,
ansiedad que mi estómago resiente,
vacío en mi epicentro, mareo de mi tristeza,
frías mis manos ante el miedo.

Nuestras caricias como glaciares,
nevada nuestro lamento,
niebla que congela nuestros sueños.

Engrosamiento de aquel muro,
que no puede separarnos más,
si ahora tu mirada
hacia el suelo has de clavar.

HABITACIONES

Me encuentro en una habitación donde la soledad se me acurruca como una veracidad para volver a encontrarme, pero no sé qué hacer, si en esas cuatro paredes todavía estás tú, y me vacilas con caricias mientras esquivas al futuro.

Telarañas de palabras que no me dicen nada, adornan los alrededores, donde vibra un eco que el silencio ha llenado de lo que fuimos un día. Y los lugares que un día nos conocieron, mantienen las ventanas cerradas, con cortinas agujeradas por donde apenas se divisa la luz. Sillas donde no importa si se encuentran vacías o si eres tú o si soy yo quien las ocupa, si no hay nada que compartir en la mesa, solo migajas de pan para un café que ya no te quita el sueño.

El polvo que atiborra cada momento que fue tan nuestro, como si fuéramos historia que solo se guarda en un libro que no se ha abierto durante meses, y tú y yo fuéramos el tiempo actuando como termitas que van a acabar con él.

El piso cruje, tanto como mi interior. Aquello que llamábamos casa dejó de serlo, si quien la habita no forma un hogar que abrasa en días fríos.

De un tiempo para acá dejamos de ser la puerta que nos conectaba. Del otro lado ya no veo tu cara, tengo miedo de soltar la perilla y dejar que un portazo dé por terminado lo último que quedaba de ti y de mí.

EL PESO DE TU AUSENCIA

¡Qué difícil me fue despertar!
Y caer en una realidad que me azota
todo eco en el lugar que me acoge: mi cuerpo.
La memoria la sentí como un péndulo
que iba de un lugar tan frío donde ya no estabas,
y regresaba a una falsa ilusión donde
aún tu cuerpo junto al mío se abrazaba.

Mi cuerpo se sentía tan pesado, que apenas
podía sostener mis movimientos desequilibrados,
sintiendo cómo mis extremidades se hundían en la cama
y parecía que toda mi pena se sumergía
a la par de mi composición tangible.

Los ojos huecos, sin lágrimas,
como si todo mar dentro de mí
escapara por todas esas heridas y agujeros,
donde dejaste interrogantes
que no puedo llenar con mis falsos consuelos.

Es que hiciste un tiroteo en mi pecho,
balas de tus palabras que se quedaron en él,
que me obstruyen la garganta y no puedo proceder,
a deletrearte un «te quiero» por última vez.

Entonces me teñí las esperanzas de blanco
y me sonreí con melancolía,
tomé a la poesía y me encontré allí, como siempre;
dejé mi actitud indolente y me abrí paso a levantarme,
no solo de la cama, sino también vehemente,
a ver tu olvido como un cambio
que ha de cerrar vestigios donde no fui mi propia paz.

Y caminé, me di de palmadas con oraciones
que solo mi fe puede entender...

Que habrá días donde te me vas a aparecer tanto
que sentiré la pesadez de tu ausencia,
porque no hay agobio más grande que cargar
con aquello que ya no se tiene.

Pero hoy he caído en cuenta:
que mis pies siempre darán para más,
que mis rodillas no se han de doblar,
que cada herida la he de cerrar con la sal de mi tristeza,
que yo sola me lamo las cicatrices y las nombro mías,
que estarás aquí por un tiempo, en las sombras,

en la distancia

y el olvido,

pero me prometo hoy
que todas las mañanas voy a sonreírme
porque me tengo,
y esta vez no voy a soltarme.

Dejé rezumar a mis sentimientos
aceptando esta realidad que hoy nos alcanza;
me envolví en silencio, escuchando tu duelo,
introduciéndose a mi regazo,
como cielo dormido que no conoce un amanecer,
manecillas que convierten a la noche en eterna,
apeando al duelo.

LA HERIDA

La palabra que parece escocerse,
ante el silencio abrumador
de todas nuestras memorias convertidas en
objetos que ya no podemos palpar:
recuerdos
          aislados

                                        de

                                                            nuestra gravedad.

Nos reducimos a dirigirnos con golpes de versos
que han dejado de rimar,
textos largos que no llegan a ninguna divinidad.

¿Cómo es que nos dejamos de amar?
¿En qué momento tus ojos soltaron mi inmensidad?
Sustrayendo todas las oraciones
que un día nos acercaron más,
haciendo con cada palabra poemas como sutura
                                  curando esta

                                    ruptura.

NUBES NEGRAS

Te siento como un cielo a punto de llover,
pero no llueves, y me abrigo
con la tristeza con la que llegan las despedidas;
hace frío, mis manos se exasperan frotándose
ante la dilatación de tu ausencia.

Y no llueves,
pero siento que me inundo entre recuerdos,
mientras arrasas como huracán
y te llevas contigo la calidez de volvernos a encontrar.

Si bien tu partida estaba anunciada,
es muy difícil dejar de buscar el sol en tus ojos.

Me condenso entre lamentos, pero tú no llueves.
Me precipito y soy yo quien desborda
porque te siento, y esta pena
llega y golpea hasta granizar.

Te veo ser nubes grises,
espero se pueda despejar mi cielo:
sigues sin mojarme,
y sin la tormenta, cubres
todo el azul que nos adornó un día.

Nuestro amor fue como un guion,
siempre hablando de situaciones
que en realidad no estábamos viviendo.
La expectativa era nuestro mejor escenario,
el reparto constaba de viejos amores
que jamás supimos soltar;
quisimos agarrarnos de nuestras ganas por sentir de verdad,
hasta que comenzamos a actuar en una falsa obra
donde nuestra compatibilidad era el telón
que jamás supimos cerrar a la par.

DESPUÉS DEL ÁDIOS COMIENZA EL RECUERDO DEL OLVIDO

No sé por dónde empezar a olvidarte.
Hoy es el primer día en el que no estás,
pero te pronuncias en todas las cosas
que un día nos unieron
y no puedo evitar extrañarte tanto.

No te necesito, pero te quiero,
y te guardo en mi pecho, sin mencionarte,
mientras me hablas en mi soledad
y te lloro en los poemas donde
nos escribí para siempre.

¡Qué amor el nuestro y qué adiós nos brindamos!
Amor tan pasional, que al soltarnos lo sentí
como caricia que se acurruca
para aceptar que no hay más.

Te me escapas de las manos
y hoy las lágrimas desbordan de repente,
pero créeme cuando te lo digo:
serás una vivencia que he de soltar,
pero aquellas miradas y besos sin respiro
en algún momento los he de recordar,
y sonreiré,
                    y estaré aquí,
                                        y tú allá
justo en el lugar donde
tu tiempo y el mío se decidieron encontrar.

¿A QUÉ ME SABE HOY TU OLVIDO?

Olvidar es un verbo que no se lleva a cabo...
El olvido es una acción que mi pecho
no procede a cometer,
sólo lo hace a ratos, porque el verdadero olvido
se inmiscuye entre las cosas, en las palabras,
en momentos de tiempo pasado, en los olores,
en las fotos, en el clima, en las lágrimas.

Es postergar un encuentro con los sentimientos vividos;
te sorprende de repente, porque el olvido es recordar,
hasta que se convierte en algo tan exiguo,
que tu alma juncal no carga el peso del lamento,
se ondea y rememora ya sin duelo.

¡Olvidar(te), qué cosa tan imposible!
Si llegase a hacerlo sería olvidar mi propio cambio.
Reconocer(te) y deshacer(te),
con el inaplazable adiós que me hace hablar
de nuestra reminiscencia.

Hoy tu olvido me sabe a tu café,
a tu loción de siempre,
a tus cejas prominentes,
a tus pupilas tan grandes,
a tus dedos largos,
a tu forma y a tu ropa,
a tu voz y a tus arrebatos,
a tus malos ratos,
a tus besos con ganas,
a tu mal genio,
a esa manera tan tuya de decir «te quiero»;
me sabe a todo lo malo y lo bueno.

En el olvido te recuerdo,
porque acepto que a veces te echo de menos,
pero en la dolencia ya no estás,
eres un recuerdo que en el olvido he de soltar.

DESHACERTE

Te perdono y me perdono:
Hoy es el sexto día sin ti,
y poco a poco la realidad de no ser parte de tu vida
me susurra la inequívoca expectativa
que tenía sobre nosotras.

He aceptado que irnos fue lo más sano,
pero no logro desprenderme, me da vértigo,
me asquea el pronunciar tu nombre en tiempo pasado.

¿Cómo has vivido estos pocos días?
Para ti y para mí el tiempo siempre transcurrió
de manera tan relativa que para conocernos
nos bastó con sabernos en menos de una semana.

¿Así de rápido transcurrirá nuestro olvido?
¿O por qué tengo tanto miedo?
Vivo mi presente, pero con esta acuciante sensación
de ya no saberte en mi futuro,
no porque yo quiera;
sólo me repito tus palabras,
ya no espero nada más...
Y en mi pecho sólo existe
lo bueno que fuimos un día.

Pero este duelo llega tan de repente,
cuando el silencio se encuentra a solas conmigo
y te suelto como mejor puedo: llorando.

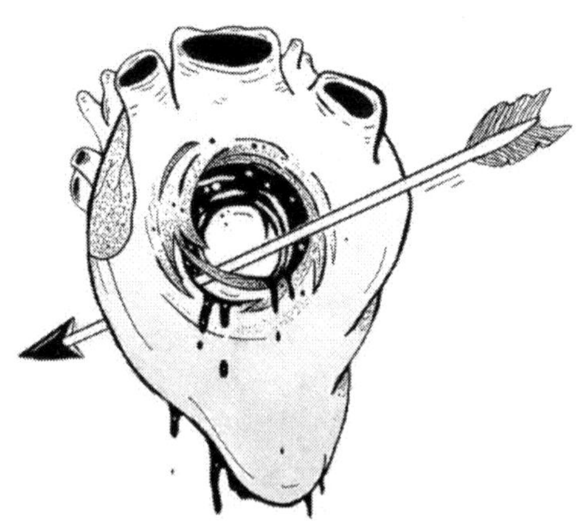

Hay despedidas que llegan después de tiempo,
que golpean tus cavidades más amorfas,
y escuchas ese eco dentro de ti:
aquel espacio donde vertiste las penas,
espacio abollado donde tus manos no pueden introducirse.
Sólo lees dentro de ti aquel nombre que durante tiempo
no pudiste pronunciar,
y recurres a los suspiros que te regala ese adiós a destiempo,
y sientes, poco a poco, cómo tu lengua golpea el paladar
deletreando su nombre; lo ves deshilarse,
yéndose con un poquito de ti,
recordando todo lo que fueron un día
sin miedo a dejarle ir.

SE ME GASTÓ EL QUERER(TE)

Voy a escribirte hasta que te desgastes,
hasta que mis manos vinculadas a este corazón
dejen de convertirte en arte.

Tengo que soltarte y dejarme flu(ir)
sé lo intrincado que es para ti y para mí.
El presente sólo nos cuenta la verdad,
pero tú y yo seguimos urdiendo en un
pasado donde nos brindamos un amor
expectativo y pasional.

No puedo seguir agarrándome de ti,
cuando apenas tus manos simulan sostenerme,
prefiero caer y golpearme en la realidad;
estar lejos de ti es volver a converger conmigo misma.

Me moldeé tanto en tu cuerpo
para que te pudieras quedar,
pero en tu futuro no cabía
mi tiempo, mi espacio, los *tequieros*...

Haberte querido tanto, sin pausas,
coadyuvó a mis siguientes sucesos,
aunque en ocasiones tus apariciones
golpearan las manecillas
con tu actitud adusta y arrebatada.

Verte así, sustantiva,
me hizo comprender que,
quien de verdad me quiere,
no me deja esperar en el diluvio,
baila conmigo en la tempestad.

Hay desprendimientos que se llevan ligero, casi inocuos,
donde contemplas cómo eventualmente la herida
va convirtiéndose en cicatriz.
Para dejar ir también hay que tener tacto.

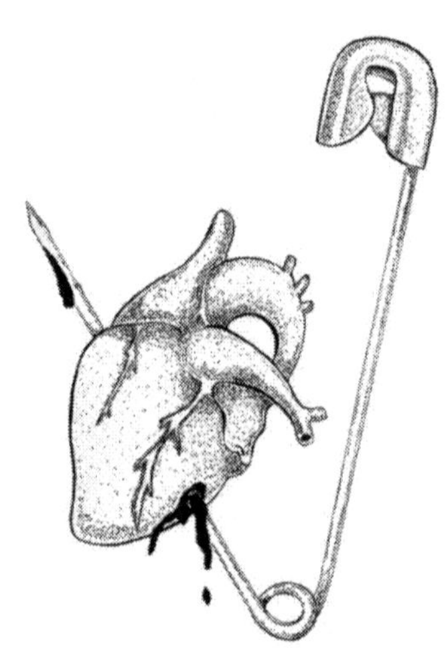

DESPRENDIMIENTO GRADUAL

Nada de malo tiene dejarte ir de a poco,
vertiéndote hacia afuera para liberar mi espacio
y dejar entrar lo que tenga que ser.

Fuiste algo (in)comprensible; (des)aprendí.
Nada de malo tiene pensarte un poquito hoy;
fuimos una enormidad que tiene que irse achicando
hasta que dejes de ocuparme los días.

Aunque, sin mentirte, hay días
en los que no te has aparecido,
y otros donde te presentas de golpe,
te estrellas en las ventanas y no pasas por la puerta,
te escondes como polvo, enrojeciéndome los ojos.

Te escuchas como un viento violento
que anuncia la tormenta, pero ya no me asusta;
impermeable soy al desequilibrio y al derrumbe.

Nada de malo tiene escucharte en una canción
y sonreírte, porque lo he entendido todo,
y a lo lejos siempre te he acariciado
con las manos inmaculadas,
y te sigo pintando con un azul sin lejías,
pero ya no en el mismo lienzo.

He aprendido, y dejarte de un tirón
me arquea la libertad.

Prefiero despegarte de a poco
para que no te lleves nada de mí;
me pertenezco y te perteneces.

Hoy te recuerdo ligeramente,
casi tocándote, borrándote, sin lastimarte.

Te suelto en pedacitos, no porque me aferre,
pero mi cuerpo merece entender,
que desasirnos también es una caricia
que alude un adiós que llegó hace meses.

TIEMPO

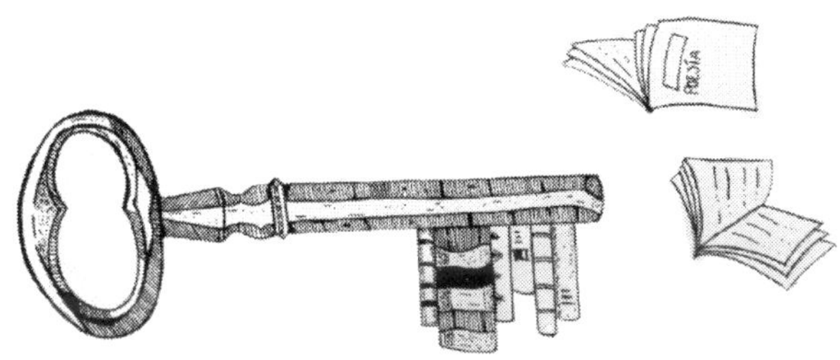

Siento una quietud que trasciende con cada palpitar.
Me arrullo en mi sonrisa, tengo amaneceres en los ojos:
la realidad me abraza desgranando la zozobra,
la soledad ha eclipsado en mi cuerpo,
alineación entre mi luz y mi sombra.

La sangre pasa por mi pecho,
líquido que se sumerge en mis ventrículos,
desplegando dudas.

¿Corazón desastrado?
Poemas y más poemas,
letras y palabras,
inmaculado mi corazón;
cicatrices como recuerdos
de todo lo que no quiero.

ME ENCONTRÉ EN LA SOLEDAD

De la soledad que me abraza,
de esa calidez que me da mi almohada
que me escucha y no reclama,
que me seca hasta las lágrimas;

de ese abrazo que encuentro en mis sábanas,
del viento que se estrella en mis palmas,
del chasquido de mis dedos
como el único sonido que entiende a mis ideas;

la saliva que se atraganta
y después da paso a mis lágrimas,
de mi corazón agitado,
de esta soledad que lleno con palabras;

de esos escritos que me encuentran
y les doy voz para que sean escuchados,
hasta llegar a otras soledades...

Aunque la soledad no se comparte
más que con uno mismo,
mientras le sonríes al olvido
y a tu costado
el sitio vacío que antes ocupabas.

La soledad de no sabernos
un espacio en donde colocarnos
acompañado de melancolía que mido
con el impulso de recuerdos
que ya no me sirve visitar
porque la que se encuentra allí ya no soy yo.

Me coloco tan lejos de mí,
que por poco descubro que me afligía(s) tanto
por tener el fantasma de ti.

Y hoy guardo tus escombros junto con esta soledad
que me mira y me suspira,
que se topa con mis ganas,
que se cuenta a sí misma
que su presencia puede quedarse aquí;
estoy tan cómoda
que la siento como mi virtud,
como parte de mis días.

Porque en la soledad me encuentro entre mil espejos
donde estoy yo en repetidas perspectivas
y allí está mi mejor versión.

Me necesito tan sola
que casi puedo verme más allá de lo visible.
Veo tan cerca a mis heridas
que las esculpo con mis propias manos.

La soledad me hizo encontrarme tan de frente
que no tuve otra opción más que contemplarme,
supe dónde guardarme
y ahora me ocupo todo el cuerpo.

DE LA DESESPERANZA UN ENCUENTRO

Tuve a los días tristes colocados
justo en la parte trasera de mi cráneo,
haciéndome añicos la fe.

Me pesaba el pensamiento,
me encorvaba el habla, tomando su caída libre,
resistiéndose al aire, acercándose al concreto:
al receptor menos idóneo.

Toda la expresión de mis estímulos sensoriales
se encontraba atrofiada,
oxidada por tanta humedad dentro de mí.

Me acerqué al sol,
con un millón de células
a punto de explotar,
y caí ante sus rayos.

Energía: luz.
Aire: viento.
Regeneración celular.

De la (des)esperanza: un encuentro.

EL POEMA

Ojalá nunca termine de escribirme
con esta poesía que a diario me llena los ojos,
la boca,
cada herida,
cada sonrisa.

Es que hay poemas que te arrojan verdades,
aquellos que no conocen de tiempo verbal
que te curan heridas antiguas
que no sabías que tenías que curar.

Son suspiros a quemarropa como beso accidental.

La poesía es una caricia
                    en medio de este caos.

Beligerante su recuerdo
se agazapa sobre el amor que ya no le tengo;
acepto su antipatía y cobardía
desde hace varios meses he dejado de suspirar su agonía,
pero en este caminar por encontrarme, todavía veo su cara.
Ya le he perdonado por los daños,
en mí ya no caben mis propios engaños.
Delibero que ahora he de perdonarme
por haber extendido mis propios lamentos en su compañía,
en mi pecho ya no está,
ella era el claro ejemplo de la hostilidad.
Veo su imagen bifurcándose cada vez más,
y me sonrío con ganas.
Me he vuelto a conocer, recorriendo mis paisajes,
respondiendo mis propias preguntas,
conociendo los ríos de mi libertad.

He iniciado el viaje...

LA ANATOMÍA DEL CAMBIO

Un respirar,
viento innumerable,
hilos que van de la sangre
hasta los ombligos de un olvido.

Tacto: no superficial,
cápsulas disolventes de palabras ya dichas,
torrentes transparentes,
actitud zurumbática es la que observa.

Yemas dibujantes que trazan el futuro,
ojos que ven por debajo de mis uñas.
Voy dejando mi piel,
seca, algunos pedazos un tanto humedecidos,
lágrimas que a mi fuego no apagan.

Porque...

Ardo y soy viento,
me mojo y soy fuego,
hierba verde, hojas secas;
doy paso a mi florecer.

Cambio, me quedo,
elucubro mis seguridades,
destellos que me han de arrebozar.

Arrebol rojizo como el rubor
que me desvanece hasta encontrar mi forma.

Cuerpo que me contiene,
anatomía en la que me aprendo.

HOY SOY ESTO

El zumbido del silencio en mis oídos
como redentor ante la noche:
hoy que me siento tan libre
y lamo mis dudas hasta disiparlas
y convertirlas en una realidad.

Me sucumbo el miedo,
me escucho por medio del sonido
de aquello que me cuenta las anécdotas de lo que fui,
de lo que soy y de lo que seré.

Comienzo a cavar cada suspiro
de lo que ya no me sirve.

Hoy soy esto, con un palpitar algo desacompasado,
un cabello desacomodado,
siendo un discípulo de mi propio ser,
porque de mí aprendo.

Hoy soy esto, y se siente tan bien
ser mi deseo, mojarme ya sin lágrimas,
porque lo que me moja es mi propia saliva,
que me exime de guardarme los pesares; ya no callo,
hoy soy un grito que llega al mejor receptor.

Me arromanzo los días vividos,
soy un lenguaje enmarañado
que poco a poco va jalando el hilo
de todas las páginas escritas que me componen
y me voy tejiendo, puntada a puntada,
en hojas en blanco que me han de esperar.

Enigma que me hace sentir tan viva;
proceder a lo incierto...
Porque hoy soy esto,
tinta que espera seguir(me) escribiendo.

EL OCRE Y MI FLORECER

Las mañanas de octubre siempre me han cubierto de nostalgia y de verdad, helando mis pies y dejando estáticos mis sueños, congelándome la vida por un momento.

A decir verdad, me gusta el frío, aunque traiga consigo colores sombríos, tonalidades grises, negras, y cafés. Me hace permanecer quieta de una forma cortés, se presenta en la curvatura de mi pecho y me limpia las hojas secas del jardín que es mi cuerpo; me quedo parada y mi mente es capaz de observarme a lo lejos.

Me eximo las mentiras, me curo las dolencias, me riego agua que contiene realidad; los miedos se soplan como viento vigoroso que arrasa para arrancar la última hoja del árbol de mi alma que está por mudar hacia un nuevo florecer.

Tener que perder parte de ti, algo que ya no eres, ese proceso tan intricado que te hace tropezar y te confunde, te golpea la cabeza como un sonido constante que no puede cesar. Por eso comprendo al otoño: la vida es como un árbol caduco que cambia de color verde por los ocres; la temperatura desciende de cálido a frío, como la felicidad a la tristeza. No existe un nuevo comienzo sin extraviar(se); quedarnos desnudos ante el miedo de trascender a lo desconocido, pero sabiendo que siempre ha de llegar la primavera.

FLUIR

He soltado todo aquello que me enjaulaba el pecho:
la espera, la incertidumbre, los besos a medio hacer,
un querer intermitente, el oído que no me escucha,
lo que hace latir a mi corazón con movimientos lentos...
con un sonido inarticulado.

He aprendido a mirar el cielo con unos ojos que buscan
el sol después de la tormenta, y si no lo he de encontrar,
hurgo en mis palabras para volver a respirar,
y en una exhalación dejar ir a mis nubes negras.
He encontrado la calma en el sonido de mi (b)risa,
la que se forma tan serena
después de saberme nadar en mis oleajes.

Me he acertado en cada decisión que parecía errónea,
por el simple hecho de no atreverme a salir
de la comodidad que te ofrece un suelo sin peldaños.
Pero soy un suelo que se encuentra entre montañas
y escalar hasta mi verdad me hizo no volver a tocar
aquel pavimento.
Veo desde la vida que soy mi propia paz,
como río que afluye con naturalidad,
como un paréntesis en el tiempo
en el que me abro a explorar
cómo moverme en el presente hacia un destino
y el conducto es mi propio cuerpo.

Porque siempre he sido yo quien ríe con ganas,
quien habla hasta cesar las dudas,
la certeza después de un «te quiero»,
la sonrisa después de haber dado un beso.

Siempre he sido yo:
la palabra y la acción
el sentimiento y el movimiento,
todo lo que me hace avanzar hoy.

El cambio, el movimiento, la velocidad, la pausa,
el soltar, la herida, la cicatriz, los días...
Quiebre de la simultaneidad
provocada por el movimiento de escalas y relojes,
hados inciertos...
Suspendernos en la gravitación del silencio,
tiempo y espacio: herramientas que mi pensamiento toma
para relacionar mis vivencias
y comprenderlas mejor...
Clic...
Las manecillas avanzan...
...ya a nadie espero.

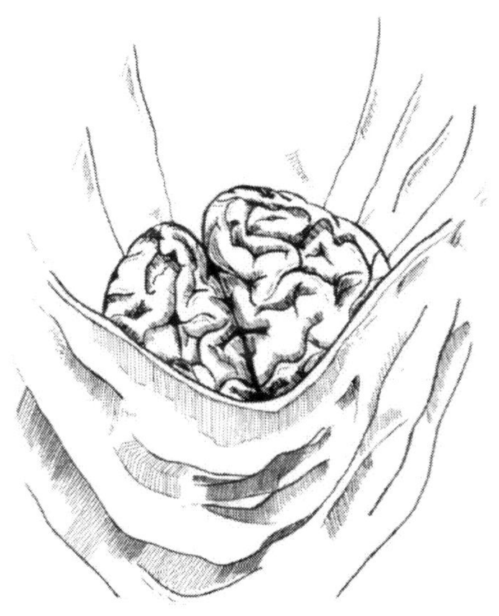

EL VÉRTIGO DEL DESPRENDIMIENTO

Un murmullo de nostalgias
me soplaron al oído,
y me contaron las penas.

Un puñado de polvo
se escondió entre mis repisas,
entre todas esas cosas que me hablan de recuerdos.

Supongo que el año nuevo
se respira ya en mi entorno,
y comienzo a divisar y a sentir todo un poco más viejo.

Es que así se siente el desprendimiento,
el anhelo por dejar todo atrás,
de arrancar la maleza de tu alma agreste.

A través de la ventana ecos de luz armonizaron mi vuelo;
me desprendo de antiguos amores,
de vencidas creencias,
de adioses caducos,
rememorando mis vivencias con parsimonia.

Un vértigo me golpeó por la espalda,
cantando una canción adolescente
y no pude evitar el llanto.

Una súbita tranquilidad se moldeó en forma de sonrisa,
el murmullo me trazó el poema,
con un mareo intermitente,
balanceándome;
es que tirar el pasado provoca el temblor.

Soplo

los

escombros.

PERDER...

Solté a viejos amores, desgrané los recuerdos,
diseminé el dolor para unir mis pedazos.

Me resarcí el daño,
me sequé en los desiertos de quien no me quiso,
me mojé en las mareas de mi propia saliva,
recité mis sueños y los convertí en realidad.

Plasmé las heridas
en hojas manchadas de versos,
comencé a escribir el libro
que ha de terminar conmigo
todas las etapas que no he podido cerrar.

Solté las promesas a medio cumplir,
disocié las expectativas de todos los ojos
que no supieron mirarme;
aparté a un amor que supo quererme,
me sacudí la culpa por haber escindido nuestro destino
cuando me percaté de que me había encontrado
en mi nuevo camino.

Estas viejas historias de amor
se atiborran de polvo
y las guardo en un soplido.

Agradezco la compañía:
a quien me abrazó, aunque no tuviera frío,
a quien me vio temblar y decidió ser nevada,
a quien sólo ilusionó a mi (c)alma
y con falsas premoniciones me atestaba.

De viejos amores aprendí a no esperar,
y a no dejar esperar,
a despedirme con la inocuidad que regalan las palabras,
a que el silencio no es mi mayor enemigo,
a apreciar a quien me acompaña y me sabe escuchar.

Doy gracias por todo lo que hoy suelto
y ya he dejado atrás.
Incluso las cicatrices con el tiempo se han de borrar.

DE RECUERDOS Y EL VERDADERO AMOR

Tuve mi corazón roto, eso es cierto...
y hablo de mi pasado desde la ca(l)ma.

En estas cuatro paredes que me acogen,
recordé que tuve miedo,
que mis manos se enchastraron de dudas
y sujetaron las palmas equivocadas.

Rememoré la falsa compatibilidad a la que me orillé
para poder quedarme en sitios donde no cabía mi risa

Me recuesto sobre lo verosímil que hoy son mis deseos,
y me miro desde esta cama que me vio llorar y pensar,
la misma cama que me sujetó tan fuerte
cuando un domingo me hallé arrebujada,
preguntándome si un amor fragmentado
era lo que quería mi pecho...

Me desafané de la incertidumbre y de pronto
escuché mi propia voz,
como un milagro parsimonioso
donde mascullé mi vuelo para encontrar mi paz.

Hoy contemplo el techo,
y por mi ventana se introduce
una luz anaranjada que se concentra
en los poros más recónditos de mi cara.

Cierro los ojos y siento el atardecer,
todo lo que fui lo atisbo a lo lejos.
Sonrío por cada decisión que en su momento
parecía errónea.

Lo sé…

De corazones rotos
          nos componemos todos,
                              de un mal amor nadie ha salido ileso,
pero después del desastre viene la calma
y hoy agradezco encontrarme
con todo aquello que siempre imaginé:
un amor bien correspondido.

Ya lo he entendido,
y le pido disculpas a mi yo del pasado,
por haber atrofiado mi pecho con amores a medias,
por haber perdido mi forma y escribirle al amor
desde el dolor.

Hoy le escribo desde mi libertad,
el amor es: elegir siendo yo, aun estando contigo.

¿PERDER?

AGRADECIMIENTOS

Esta parte de mi libro es demasiado importante para mí. Ojalá pudiera mencionar a cada una de las personas que han estado conmigo durante este recorrido poético que me ha llevado a tener, hoy, este poemario. Pero quiero empezar por agradecerme a mí, en especial a aquella Diana de ocho años que se emocionaba cada que en la escuela le pedían escribir un cuento, una historia, cualquier sentimiento. Ella debe estar muy feliz y orgullosa. Míranos, sí pudimos. Encontraste el latido a los veinticinco años, aunque siempre se había inmiscuido en todo lo que escribías en tus diarios.

Este sueño tangible que hoy palpo es algo que desde muy chica mi certeza anhelaba; sabía que tenía que hacerlo. Me perdí en algunas ocasiones, pero mis poemas siempre me mostraron todas las estaciones, las flores, la lluvia y el sol; la tristeza, la duda e incluso el dolor, para formarme una sonrisa hoy día. Abrazo a mi yo humana y escritora, porque una no podría existir sin la otra; cuando tuve una tristeza inmensa hace dos años y mi parte humana y sensible me hizo levantarme de la cama y, con el ímpetu de una poeta que encuentra la poesía en su vida, me dije: «Quiero escribir un libro», y más que quererlo, busqué la forma de hacerlo. Comencé el senderismo para encontrar los caminos que me llevaran a él, en ocasiones con sed, con cansancio, pero siempre buscando el horizonte que plasmo en mis poemas.

Tomé decisiones un año después. Me rompí, tuve dudas, dañé un corazón, me tambaleé, tuve miedo, me equivoqué, para al final darme cuenta de que me había encontrado a mí misma. Agradezco a esa persona que estuvo conmigo cuando desperté de este sueño para echarlo a andar. Sé que su corazón ya se encuentra bien.

La vida me presentó ese mismo año a un amor efímero que, al verle pasar, mis ojos capturaron el título de mi libro: «La relatividad de perder»; sabía que nuestro futuro era algo que no existiría, pero le conservé en poemas, y me enseñó a no esperar a quien no quiere quedarse, a no callar mi risa, a que ser yo no se reduce a amoldarse a otro. Agradezco a la poesía por mostrarme las respuestas.

Ahora, quiero agradecer a mi familia.

A mi mamá, que me muestra los amaneceres como un milagro, como algo que sólo ella y yo podemos ver: no tienes idea de las veces que me has devuelto el alma al cuerpo, incluso cuando el sol se oculta; tu risa es lo más parecido a sentir la luz en mi pecho. Siempre has creído en mí, siempre has abrazado a mi ser tan sensible, siempre has escuchado cada idea que proviene de mi corazón y de mi cabeza, y aunque algunas veces no sepas qué decir, tu amor tangible, tu beso, tu abrazo y tu mirada dicen más que cualquier palabra.

A mi padre, que mira con orgullo todo el arte que plasmo en letras y en pinturas: aunque no comprendiste en ocasiones mi tristeza, me ayudaste en un momento culminante de mi vida, y me mostraste los colores para que comenzara a pintar con palabras —e, incluso, en un bastidor— todos mis sueños. Hoy te doy las gracias con este libro que sé que presumirás con todo aquel que se te tope enfrente. Gracias por siempre brindarme un hogar, por siempre brindarme tus ganas y tus manos, para que jamás me falte una hoja en la cual escribir.

A mi hermano, que siempre escuchó mis dudas y mis miedos cuando no podía hallarme, que vio crecer página a página mi libro de manera inconsciente: fuiste la semilla del árbol donde nace cada una de ellas. Gracias por siempre tener abiertos tus oídos para escucharme. Sin ti este libro se hubiese quedado a medias y no podría haber dado aquel paso que me mostró nuevos poemas.

A mi prima, por jamás juzgar mis miedos, por su apoyo incondicional: reír contigo mientras hablamos de la vida me ha ayudado a comprenderme y a seguir escribiendo.

Gracias a mi tía Laura, que cree en mí, en todo lo que hago con el corazón, en aquello a lo que ella llama sensibilidad. Tu apoyo me hace crecer. Espero siempre contar contigo.

A mis abuelos, porque gracias a un poema que ellos inspiraron, Heber se cruzó conmigo, y entablamos una conversación que se convirtió en un sueño tangible. Sin su amor, sin sus enseñanzas, sin la sensibilidad de mi abuelo, jamás me hubiera atrevido a mostrarme vulnerable: la valentía es enfrentarse al miedo de mostrarse frágil. Gracias, abuelo; su música por las mañanas es como una palmada para comenzar mi día. Gracias, abuelita, por siempre tener una mesa en donde puedo ser yo, por siempre tener sus brazos abiertos; en sus plantas mis poemas encuentran sus raíces.

Y un abrazo hasta el cielo para mis abuelos paternos, a diario siento su calor, a diario beso sus caras antes de dormir; les agradezco por nunca dejarme sola, por cuidarme desde un lugar donde sé que están juntos. Sé que conocieron a una niña soñadora, que cantaba, que preguntaba mil cosas, que hablaba con las plantas e imaginaba todo un mundo jugando sola; este poemario también es suyo.

Gracias, Heber. Te admiro como escritor y como persona. Me motivan esas ganas que tienes para alcanzar tus metas. Agradezco la oportunidad, que hayas confiado en mí, que te guste tanto el arte que nace de mi alma. Tenerte como editor, como escritor, como ser humano en mi vida es algo inconmensurable. Estaré agradecida siempre.

Gracias a Elvira Sastre, porque me hizo sentir la vida en una sola frase: «Busca el latido», y lo encontré en la poesía, en este libro. En tus poemas siempre he encontrado un lugar en donde puedo ser y estar. Espero la vida me llene de miles de latidos más.

A Andrea Valbuena, porque en 2020, en esa tristeza que me envolvió por completo, encontré sus poemas; me mostraron un conducto en donde verter el miedo, donde la tristeza se esfumó al mirarla de frente.

Gracias a mis perritos Tachi y Cuqui: su amor nunca me ha dejado sola.

Y, por último, a mi gran amor, Carol. Sin ella no podría existir el cierre de este libro, sin ella no habría una continuación donde me sigo encontrando cada día: escribiendo. Gracias por la libertad que me brindas en cada abrazo. Tus palabras siempre han sido un sostén, tu amor es como sentir un atardecer. A ti no sólo te escribo, contigo vivo la poesía.

Diana Glez
22 de julio, 2022

www.sextaformula.art

Made in the USA
Columbia, SC
12 August 2023